PROJET DE CRÉDIT

ET

D'EMPRUNT PÉCUNIAIRE,

OFFERT

DANS L'INTÉRÊT DE LA PROPRIÉTÉ
FONCIÈRE EN FRANCE.

Paris.

IMPRIMERIE DE GUIRAUDET,
RUE SAINT-HONORÉ, Nº 315.

—

1829.

PROJET DE CRÉDIT

ET

D'EMPRUNT PÉCUNIAIRE,

OFFERT

DANS L'INTÉRÊT DE LA PROPRIÉTÉ FONCIÈRE EN FRANCE.

Nous soumettons à l'examen du gouvernement, en même temps à celui du public éclairé, un projet de finance dont l'application aux secours que réclame aujourd'hui la propriété foncière en France nous a semblé devoir produire d'excellents résultats.

On avait souhaité de pouvoir ouvrir à cette classe un crédit pécuniaire conforme à ses besoins, de lui fournir par ce moyen des emprunts à un taux d'intérêts aussi modiques que le réclamait sa situation actuelle.

Mais tout en lui reconnaissant des garanties suffisantes pour la sécurité des prêteurs, encore eût-on désiré donner plus d'extension à la confiance des bailleurs de fonds, en débarrassant de mille entraves juridiques, en allégeant surtout les frais énormes, qui plus est, les droits du fisc, que suscitent parfois les poursuites obligées pour cause de remboursement.

Il n'était guère à espérer cependant d'obtenir de suite des améliorations aussi importantes dans les lois aujourd'hui en vigueur. Il l'était encore moins, sans doute, que le fisc consentît à des concessions ou à des diminutions de taxes, surtout dans le moment même où les ressources du trésor public sont déclarées insuffisantes pour faire face à ses obligations.

En sorte que de la question proposée en concours, d'abord par l'honorable député M. Casimir Perrier, et plus tard reproduite par la Société commerciale d'encouragement de Bordeaux, il n'est résulté jusqu'ici, du moins à notre connaissance, que des efforts peu fructueux et des solutions non admissibles, les concurrents ne s'étant occupés presque exclusivement que du sort de la propriété foncière, sans songer qu'il fallait satisfaire en même temps à bien d'autres exigences.

Au reste il est juste aussi de dire qu'il n'était pas facile de concilier les intérêts divers qu'une question aussi importante mettait en contact les uns contre les autres ; et pour sortir du labyrinthe d'idées, de combinaisons et de calculs, dans lequel cette question semblait elle-même hésiter d'entrer, pour sortir disons-nous d'un labyrinthe aussi profond, certes il fallait être beaucoup plus heureux qu'habile.

Si donc le hasard nous avait favorisé plus que tout autre dans un concours dont nous avons attendu la clôture, n'ayant point voulu entrer en rivalité avec le talent, le mérite et la science, nous saurons en temps et lieux rétribuer à qui de droit un avantage dont nous ne saurions nous enorgueillir.

Avant d'entrer dans l'exposé d'un projet qui nous avait été suggéré long-temps avant que la question de M. Casimir Perrier fût parvenue à notre connaissance, nous n'examinerons point si l'état de malaise dans lequel doit se trouver la propriété foncière nous justifie suffisamment d'avoir osé présenter une idée d'innovation en finance, car nous désirons de tout notre cœur que le mal ne soit pas imminent au point d'exiger l'application de nos moyens. Toutefois, nous avons la presque-certitude qu'après qu'ils auront été bien examinés, bien supputés, chacun conviendra *de soi-même* que de semblables moyens dans tous les cas ne sauraient être que d'un fort bon usage.

En conséquence nous proposerons donc au gouvernement d'ouvrir lui-même à la propriété foncière un crédit pécuniaire jusqu'à la concurrence de cinquante millions, et, pour lui procurer cet emprunt moyennant garantie immobilière, de créer un papier-monnaie sous la dénomination de Bons royaux hypothécaires et de valeurs différentes, dont la moindre serait de deux francs et la plus élevée de quarante.

Ces Bons n'auraient point de cours forcé parmi le public; seulement il serait obligatoire à tout contribuable, de même qu'à tout débiteur de droits ou de taxes envers le trésor, de composer le cinquième de ses paiements au moyen de nos Bons en question, et, faute d'y obtempérer, d'ajouter deux centimes de plus par franc de ce cinquième en l'acquittant en argent.

Déjà peut-être va-t-on s'écrier de toutes parts : Point de papier-monnaie. Mais aujourd'hui dans toute la France, à Paris principalement, ne voit-on pas, dans les mains de chacun, des billets de banque ainsi que des mandats du trésor, dont le moindre est pourtant d'une valeur assez forte; et la confiance qu'avec juste raison tout le monde leur accorde n'est cependant pas mieux fondée que celle que nous réclamons et que doivent effectivement inspirer nos Bons royaux hypothécaires.

Ils ne seraient prêtés qu'à bon escient, contre des actes notariés, enregistrés, inscrits au bureau de conservation, et dans la forme absolument semblable aux transactions particulières de même nature ; ces actes d'engagements deviendraient d'autant plus solennels qu'ils seraient dressés, dans leurs départements et aux secrétariats de leur sous-préfecture respectifs, par deux notaires nommés d'office, en présence des sous-préfets ainsi que des receveurs principaux, et de quatre témoins notables. Toutes ces formalités, finalement, ne seraient-elles donc pas suffisantes pour rassurer le public à l'égard de notre émission, dont les bons seraient encore souscrits par leurs emprunteurs mêmes ?

Cinquante millions de telles espèces répandues dans la France seraient pour ainsi dire inaperçus, quoique passant journellement des mains du public dans les caisses de l'état, et en retour de celles-ci dans les mains du public.

Au premier coup-d'œil un tel revirement paraîtra à beaucoup de personnes plus difficile qu'il ne le serait en effet : car avec la moindre attention on reconnaîtra que le public, s'obstinant à ne pas reprendre bénévolement nos Bons hors des caisses de l'état, s'imposerait de lui-même l'augmentation des deux centimes par franc dont il a été parlé plus loin ; augmentation d'impôts qui mettrait largement le trésor à même de faire escompter ces Bons chaque jour sur la place.

Mais, nous objectera-t-on sans doute, pourquoi, dans l'intérêt de la propriété foncière, grever les autres classes de la société par des surtaxes qui, quelque minces qu'elles puissent être, n'en seraient pas moins sensibles, surtout dans un moment où il est question d'augmentation d'impôts.

C'est justement parce qu'il est question d'augmentation pour faire face au nouveau crédit de cinquante millions que le gouvernement réclame aujourd'hui des chambres ; c'est, disons-nous, parce que notre opération, comme on va le voir, pourrait de suite procurer au gouvernement un bénéfice d'environ dix-huit millions, ce qui lui permettrait alors de diminuer son emprunt d'une semblable somme ; c'est par toutes ces considérations enfin que nous avons cru pouvoir être autorisé à appuyer notre opération sur une taxe du reste *si peu importante;* taxe que le trésor pourrait fort bien ne plus exiger du moment où l'opération marcherait d'elle-même. Nos calculs ne sont nullement préjudiciables qu'à des idées mal fondées, ou dans le cas d'une méfiance qui pourrait bien ne provenir que de la malveillance, surtout lorsque nous aurons démontré que nos Bons royaux hypothécaires mériteraient non seulement toute l'estime et le respect que commandent les meilleurs effets de banque, mais, qui plus est, gagneraient ou devraient prévaloir sur toutes les autres valeurs-monnaies en circulation.

En effet, pour rentrer dans l'exposé de notre système, qu'une digression nécessaire nous avait fait abandonner, nous supposerons que l'emprunt dût avoir lieu à des termes facultatifs de 5, 10, 15 ou 20 ans.

Le 1er terme à l'intérêt annuel de			3 p. 100.
Le 2e id.	d°	de	2 3/4 id.
Le 3e id.	d°	de	2 1/2 id.
Le 4e id.	d°	de	1 3/4 id.

Mais ces intérêts modiques se paieraient de suite pour tout le cours de chaque emprunt, c'est-à-dire qu'ils se prélèveraient sur les sommes prêtées à l'instant même de leur remise. Toutefois il serait facultatif aux emprunteurs de se libérer à toute époque, sans attendre l'échéance des termes de leurs obligations. Néanmoins, en décomptant avec le trésor des intérêts payés, ils seraient tenus de porter ces intérêts au taux du terme relatif au temps expiré de leur emprunt.

En admettant donc pour donnée que l'emprunt de 50 millions fût totalement rempli, il en résulterait pour le trésor public un bénéfice d'environ 18 millions, dont toutefois nous souhaiterions, pour la marche et pendant la durée de notre opération, qu'il payât les intérêts à 5 du 100 par an.

De cet intérêt annuel, produisant, dirons-nous, 900,000 fr., il serait établi une loterie de quatre tirages par année, répandant parmi le public des chances de gain d'autant plus heureuses que, sans bourse délier, sans risquer même un centime, chacun pourrait participer à ce jeu. Il ne s'agirait pour cela que de rechercher nos valeurs, c'est-à-dire nos Bons royaux hypothécaires : un seul peut-être et de la moindre valeur suffirait pour faire un bénéfice de 400 fr., comme on s'en convaincra en jetant un coup-d'œil sur le petit tableau ci-joint, représentant un des tirages. Et à quoi s'exposerait-on d'ailleurs en possédant de telles valeurs, puisqu'elles seraient admises chaque jour en paiement dans les caisses publiques?

Également on se fera une idée juste et facile de nos combinaisons fort simples en examinant en même temps le tableau de la répartition de nos Bons, ainsi que les cartons ou parchemins modèles qui serviraient à leurs tirages : car remarquons bien que ces Bons royaux hypothécaires se distingueraient premièrement en séries départementales, ensuite en séries secondaires ou sous-préfecturales, désignées par une lettre alphabétique; en troisième lieu, par leur numéro d'ordre dans leur série respective, finalement par la désignation en chiffre et écrite de leur valeur nominale; en sorte que, si, dans un établissement central, comme à Paris par exemple, où le tirage de notre loterie aurait lieu, il existait autant de petits modèles en carton ou parchemin désignataires de tous les Bons en circulation, rien alors de plus aisé à concevoir qu'en soumettant ces petits modèles à la roue de fortune, les favorisés du sort annonceraient suffisamment à toute la France quels auraient été les Bons gagnants qui s'y rapportent. Mais n'est-ce aussi que parce que nous nous adressons à toute la France en général qu'il nous a paru nécessaire d'entrer dans des détails d'explications qui, à coup sûr, eussent été fastidieux autant que superflus pour des personnes auxquelles ces idées de loterie sont familières.

Cependant nos combinaisons ne se bornent point encore là ; et, puisque notre intention est de nous rendre utile à toute la patrie, nous n'avons point oublié la classe indigente, qui, pour notre plus douce récompense, doit trouver aussi sa part de bénéfice dans notre opération.

Dès lors nous avons pensé que les Bons gagnants vingt-cinq fois le montant de leur valeur nominale pourraient être abandonnés au profit des établissements de bienfaisance, et pour en opérer la réalisation aussi promptement que possible, ils seraient offerts en remboursement à leurs souscripteurs respectifs, moyennant remise du quart de leur montant ; et dans le cas de refus d'un pareil avantage, tels Bons seraient abandonnés en toute propriété aux établissements de charité pour en toucher le remboursement à leurs échéances.

Ces Bons ainsi amortisés pourraient donner lieu à des emprunts nouveaux tant que leurs lacunes ne seraient pas remplies ; de manière que ce serait un moyen perpétuel à la propriété foncière de se procurer d'honorables crédits et les plus heureuses ressources.

Tel est l'exposé succinct de notre idée, suffisamment intelligible, nous le pensons du moins, pour démontrer la solidité de sa base ; base qu'il est inutile d'établir davantage par des développements qui d'ailleurs n'auraient d'intérêt que pour les opérations du trésor (1). On s'apercevra bien sans doute du peu de talent que nous possédons et dont nous avons fait preuve en traitant une pareille matière ; mais, le répétons-nous encore une fois, nos combinaisons financières n'ont été pour nous qu'un trait de lumière, un éclair d'inspiration, dont on ne devrait de remercîments, s'il y avait lieu d'en faire, qu'au bon génie protecteur de la France.

(1) Ce dont il importe au public de se bien pénétrer, c'est que 50 millions d'emprunt, représentés par 7,725,000 Bons en circulation, pourraient aisément se répartir entre le quart seulement de la population, en sorte que chacun des 7,725,000 individus n'aurait qu'un Bon dans sa possession. Et que serait-ce alors pour les sommités de cette population qu'un Bon de 20 ou de 40 francs en portefeuille, surtout si l'on considère la faculté journalière de pouvoir en faire usage dans des paiements envers l'État ?

Les moindres valeurs, en se partageant proportionnellement entre les classes inférieures, ne sauraient leur devenir plus à charge ni plus embarrassantes ; au contraire, en les conservant, ce qui même deviendrait un encouragement à l'économie, ne courraient-elles pas continuellement les chances d'une loterie d'autant plus divertissante que, loin de causer des regrets et le désespoir, elle n'offrirait aux villes et aux campagnes, à la France entière, que les hasards du bonheur.

TABLEAU de la Répartition des Bons suivant leurs valeurs nominales et leur nombre.

Valeurs nominales.	Nombres de bons.	Somme totale des valeurs.
2 francs.	3 millions.	6,000,000 fr.
3 id.	2 id.	6,000,000
5 id.	1 id.	5,000,000
10 id.	1 id.	10,000,000
20 id.	500,000	10,000,000
40 id.	225,000	13,000,000
	7,725,000	50,000,000 fr.

TABLEAU d'un Tirage.

80 Lots de 400 Francs		32,000 Francs.
160 id.	200	32,000
320 id.	100	32,000
640 id.	70	44,800
1,000 id.	50	50,000
1,768 id.	25	54,200
3,968	Total.	225,000

Carton.

Département
d
2 Fr.
L.re A.
N° 10,000.

Deux Francs.

Département   d
Bon Royal   Hypothécaire.

Remboursable au porteur le   18

L.re A.   (2 fr.)   N° 10,000.